Le trésor de Jacob

À Mamie Marcelle et à Charles, son petit soleil
Lucie Papineau

À Maman Jos et à Liam, mon petit trésor
Steve Adams

Catalogage avant publication de Bibliothèque et Archives Canada

Papineau, Lucie
Le trésor de Jacob
Pour enfants.
ISBN 2-89512-447-7 (rel.)
ISBN 2-89512-449-3 (br.)

I. Adams, Steve. II. Titre.
PS8581.A665T73 2005 jC843'.54
C2004-942090-9
PS9581.A665T73 2005

Directrice de collection : Lucie Papineau
Direction artistique et graphisme :
Primeau & Barey
Dépôt légal : 3e trimestre 2005
Bibliothèque nationale du Québec
Bibliothèque nationale du Canada

Dominique et compagnie
300, rue Arran
Saint-Lambert (Québec)
Canada J4R 1K5
Téléphone : (514) 875-0327
Télécopieur : (450) 672-5448
Courriel :
dominiqueetcie@editionsheritage.com

www.dominiqueetcompagnie.com

Imprimé en Chine
10 9 8 7 6 5 4 3 2 1

Nous remercions le Conseil des Arts du Canada de l'aide accordée à notre programme de publication.

Nous reconnaissons l'aide financière du gouvernement du Canada par l'entremise du Programme d'aide au développement de l'industrie de l'édition (PADIÉ) pour nos activités d'édition.

Nous reconnaissons l'aide financière du gouvernement du Québec par l'entremise du Programme de crédit d'impôt pour l'édition de livres – SODEC – et du Programme d'aide aux entreprises du livre et de l'édition spécialisée.

Lucie Papineau tient à remercier Gilles Tibo de sa grande générosité et de ses précieux conseils.

Le trésor de Jacob

Texte : Lucie Papineau
Illustrations : Steve Adams

Dominique et compagnie

Jacob est assis sur la galerie,
entre l'hibiscus fleuri et la vieille
chaise de Mamie Li. Il voudrait
bien jouer avec les trésors qu'elle
lui a confiés : le petit cheval
doux, le camion de pompier rouge,
Bella la ballerine et les autres...
Tous les jouets de sa grand-
maman sont là, mais le cœur
de Jacob n'y est pas.

Son cœur est rempli de gros
nuages noirs.

Les nuages sont arrivés quand Mamie Li
est partie vivre au loin. Dans une immense maison,
avec des infirmières pour s'occuper de
ses jambes en spaghetti.
– C'est mieux ainsi, avait dit Mamie Li.
– C'est mieux comme ça, avait expliqué papa.

Jacob, lui, n'avait rien dit.

Aujourd'hui, Jacob ira visiter Mamie Li.
Après avoir mis ses plus beaux habits, il dépose ses trésors,
un à un, dans la boîte de velours garnie.

Mais où est passé le petit cheval doux, le favori de
Mamie Li ? Il a disparu! Le cœur de Jacob se met à battre
comme un tambour. Il doit retrouver le cheval
de sa grand-maman ! Mais comment ?

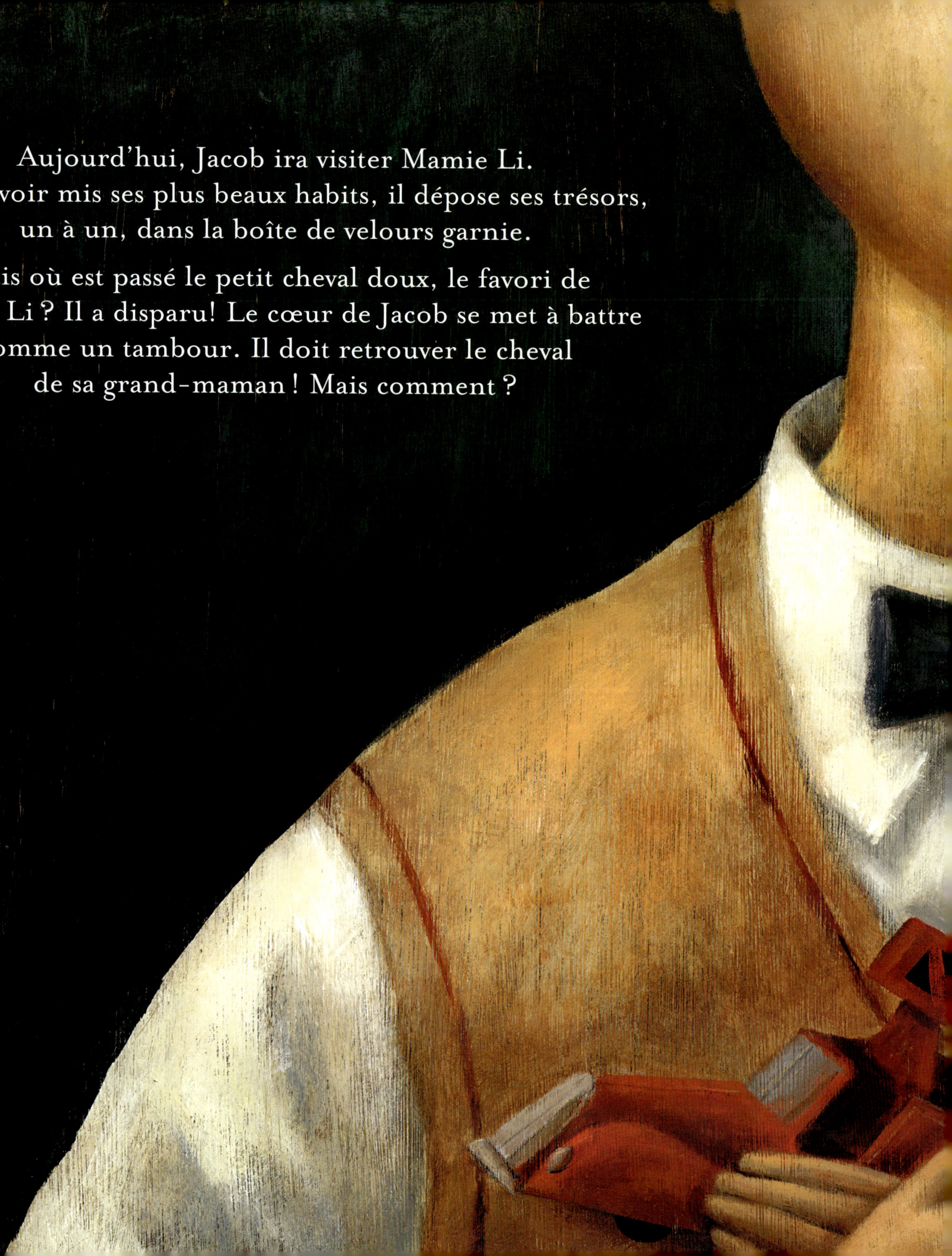

Si elle était là, Mamie Li aurait dit :
– Avec le camion de pompier, on peut tout retrouver !

Alors Jacob ferme les yeux très,
très fort, en serrant le petit camion contre lui.

Quand Jacob ouvre les yeux...
il est au volant du camion rouge !
– Te voilà enfin ! s'écrie Bella
la ballerine, qui s'impatientait.

Jacob sent son cœur galoper
pendant qu'il démarre en trombe
et fonce vers le pont de bois.
Devant lui s'ouvre un gouffre
vertigineux, que le camion
rouge franchit en un éclair.

La vallée enchantée resplendit déjà à
l'horizon, mais les roues du camion s'enfoncent
dans une mer de boue.
– Des sables mouvants ! s'écrie Bella. Sortons d'ici !

Jacob déploie la grande échelle, qu'ils escaladent
en moins de deux. Un saut de sauterelle
et les voilà, sains et saufs, sur la terre ferme.

Une gigantesque barrière d'herbes se dresse devant les deux amis. D'énormes marguerites balancent leurs têtes, grosses comme des lunes, dans le firmament.

– Nous ne pourrons jamais traverser, se désole Jacob.

– Mais bien sûr que si, lui glisse Bella. Regarde ce que Mamie Li m'a appris !

Du bout des pieds sur le bout des herbes, légers comme des libellules, Jacob et Bella dansent un merveilleux pas de deux. Le vent caresse leurs cheveux, le soleil brille dans leurs yeux. C'est magique !

BELMONDO
CIR
5¢

Mais voilà que le ciel s'assombrit, il fait presque nuit. Cachés à l'entrée du mystérieux parc Belmondo, Jacob et Bella reprennent leur souffle.

– Tu entends ? demande tout à coup Jacob.

Un hennissement...

– C'est le petit cheval de Mamie Li, chuchote Bella. Le clown à grande bouche l'a fait prisonnier !

Main dans la main, le garçon et la ballerine se dirigent vers la roulotte de la femme à barbe. La vieille amie de Mamie Li saura sûrement les aider.

Sous le chapiteau,
le spectacle va bientôt
commencer. Au roulement
du tambour, le clown
à grande bouche s'avance
dans le cercle de lumière.

– Mesdames et messieurs,
lance-t-il, le cirque du parc
Belmondo est fier de vous
présenter une attraction
unique au monde !

Le maître de cérémonie
fait claquer son fouet
et le pauvre petit cheval,
retenu par un licou,
commence à trotter autour
de lui. N'attendant que
ce signal, la femme à barbe
allume la mèche de
son canon.

Acclamé par la foule,
un mystérieux saltimbanque
s'élève dans les airs,
fait un triple salto arrière,
et atterrit directement sur
le dos du petit cheval.
Celui-ci se cabre, surpris.
Mais il comprend aussitôt
que son cavalier n'est nul
autre que... Jacob !

D'un coup de crinière,
le petit cheval se libère.
Le clown à grande bouche
tombe sur le derrière,
cramoisi de colère.

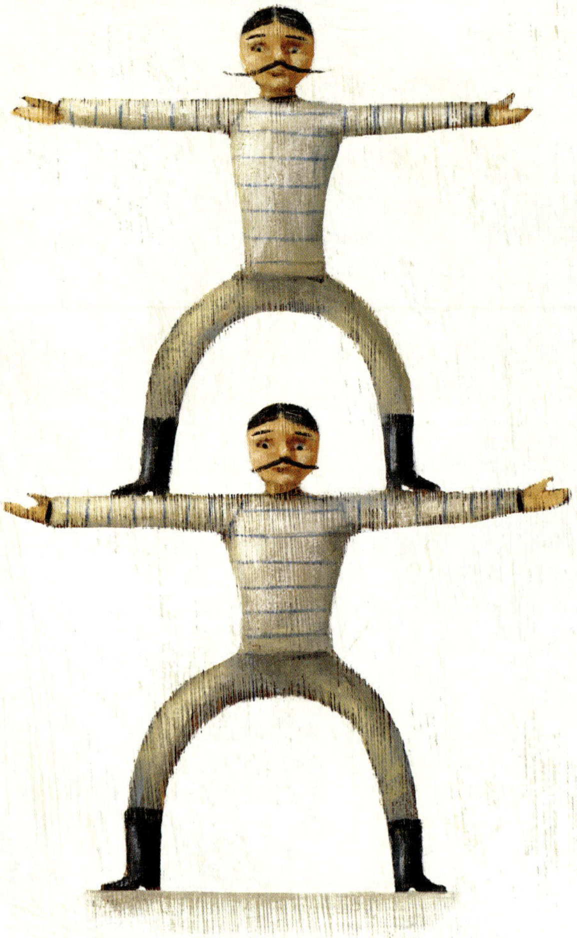

Au triple galop, Jacob et sa monture quittent
la piste et se dirigent vers l'entrée du chapiteau.
Les deux frères acrobates, Tim et Tom, les attendent.
Tom fait la courte échelle à Bella qui, d'une virevolte,
se pose derrière Jacob. Tim ouvre la barrière
et la verrouille derrière eux.

Les voilà libres ! Le petit cheval reprend
sa course folle.

– Attention ! s'écrie Jacob. Nous fonçons
vers les sables mouvants !
– Ne t'en fais pas, hennit le petit cheval doux,
en déployant ses ailes.

Ses ailes ? Jacob éclate de rire... C'était donc ça,
l'attraction unique au monde : un cheval volant !
Et hop ! les voilà qui foncent vers le ciel. Et pouf !
ils atterrissent sur la galerie, entre l'hibiscus
fleuri et la vieille chaise de Mamie Li.

– Tu es prêt, Jacob ?
demande papa juste à
ce moment-là.
– J'arrive tout de suite,
répond le petit garçon.

Et vite, vite, il range
ses jouets dans la boîte aux
trésors. Avant d'abaisser
le couvercle, il embrasse Bella
sur sa minuscule joue rose
et fait un clin d'œil
au petit cheval retrouvé.

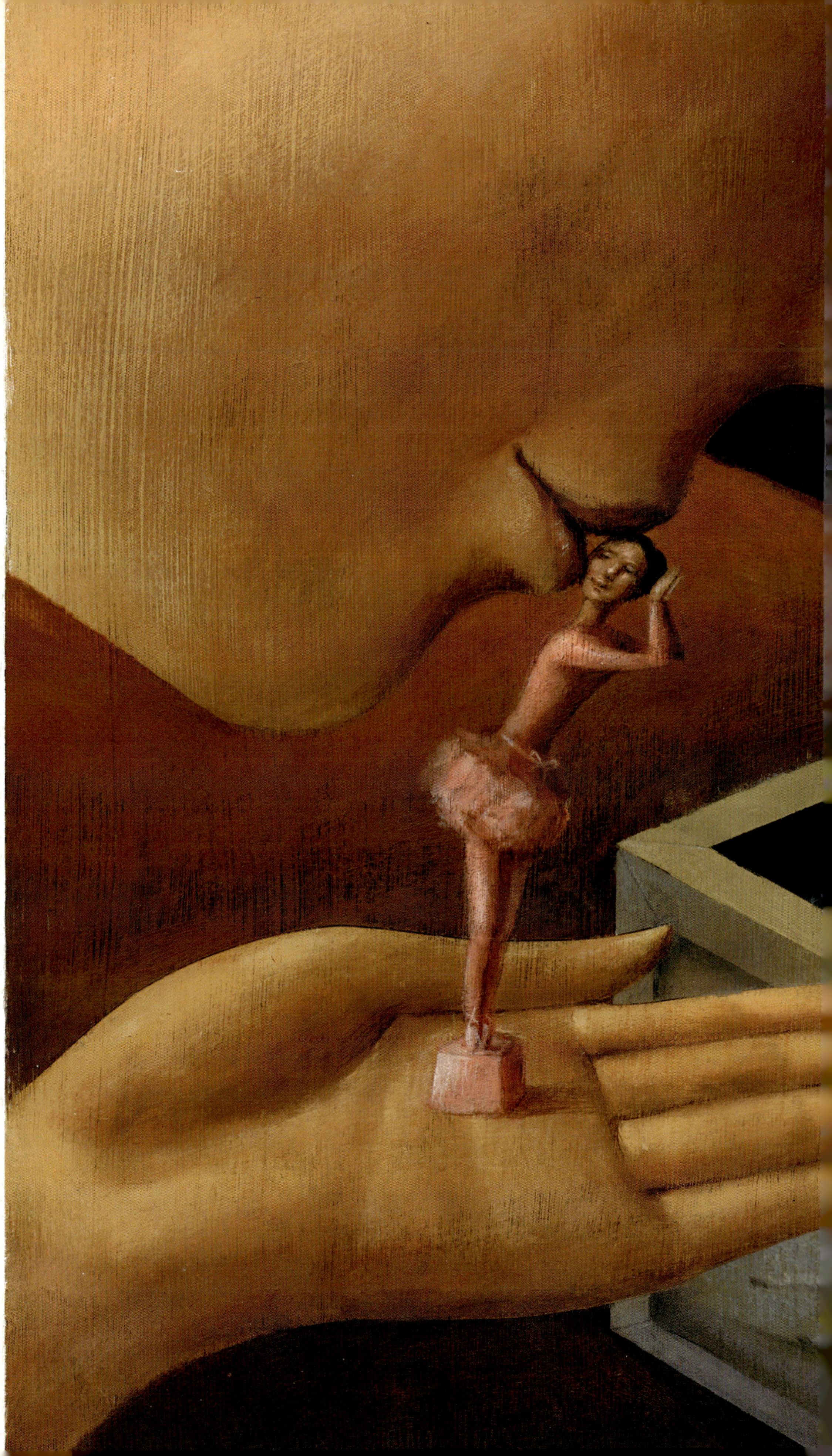

– Mamie Li, Mamie Li, s'écrie Jacob en sautant sur les genoux de sa grand-mère.

– Mon petit soleil, murmure Mamie Li en caressant les cheveux du garçon.

Les yeux brillants de plaisir, Jacob raconte son aventure à sa grand-maman : la disparition du petit cheval doux, la traversée de la vallée enchantée, le parc Belmondo sous la galerie... Sans oublier Bella la ballerine, si courageuse et si jolie.

– Et tu sais quoi, Mamie Li ? Le petit cheval doux... eh bien, il vole ! Il volait déjà quand tu avais mon âge, n'est-ce pas ?

En guise de réponse, Mamie Li sourit à Jacob.
Et Jacob sourit à Mamie Li. Il sait qu'elle comprend tout.

Mais voilà que le temps a fui, c'est déjà l'heure de partir.
Jacob se blottit contre sa grand-maman.
–Tu sais maintenant pourquoi je t'ai confié mes petits trésors,
dit Mamie Li. Avec eux tu ne t'ennuieras jamais, ils sont magiques !

Jacob réfléchit. Puis il hoche la tête.
–Non, Mamie Li, c'est toi qui es magique. Quand je ferme les
yeux et que je pense à toi, je sais que tu penses à moi.
Mon vrai trésor, c'est toi !

Seule dans sa chambre, Mamie Li ferme les yeux.
La vieille dame sourit…
Elle sait que son petit soleil pense à elle !